Oeufs de P,ques

Coloriage

Coloring Pages for Kids

Coloring Pages for Kids
An imprint of Ciparum LLC

Oeufs de P,ques Coloriage
© 2017 Ciparum LLC
All rights reserved.
ISBN-10:1-63589-481-6
ISBN-13:978-1-63589-481-3

Coloring Pages for Kids

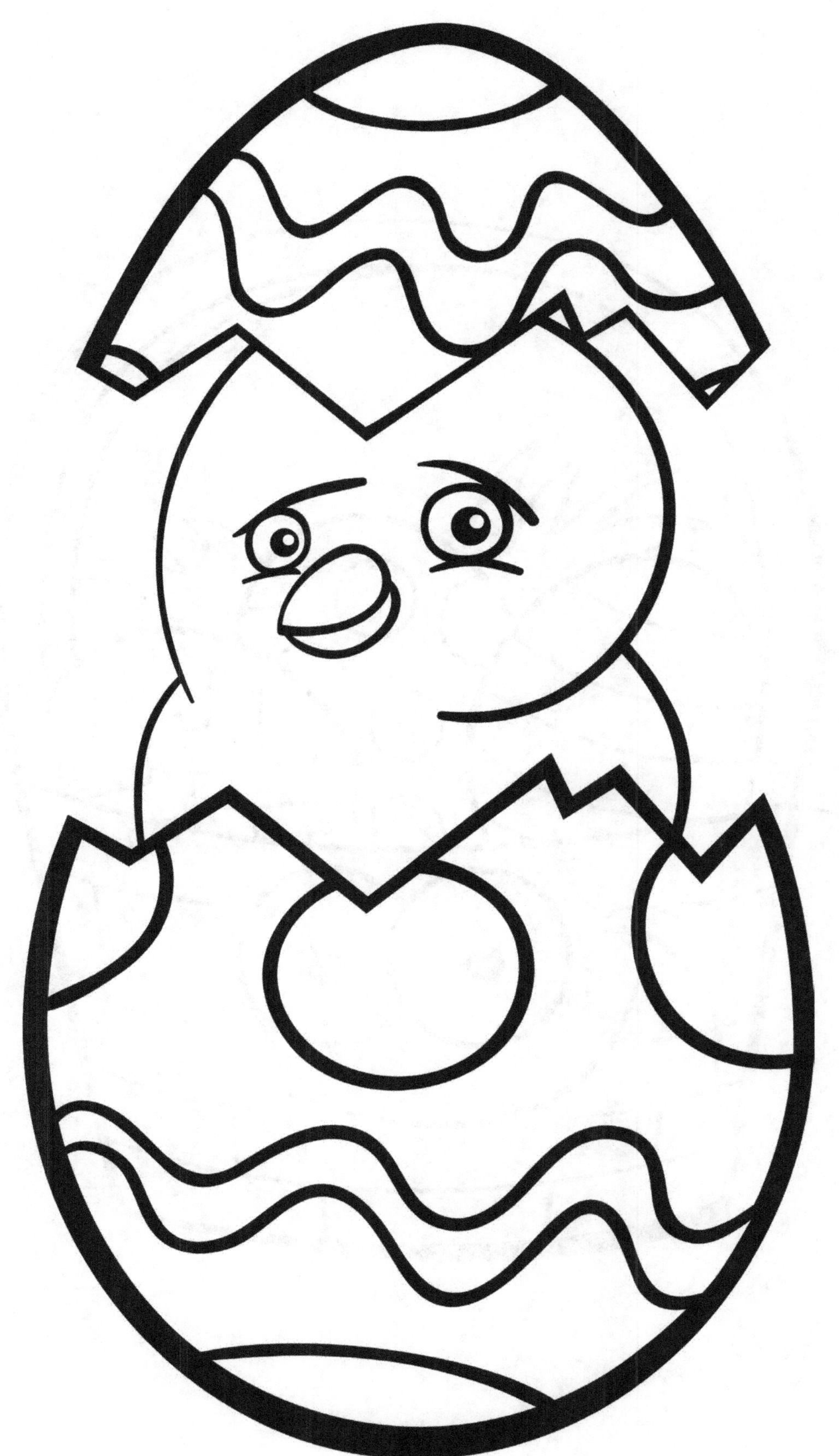

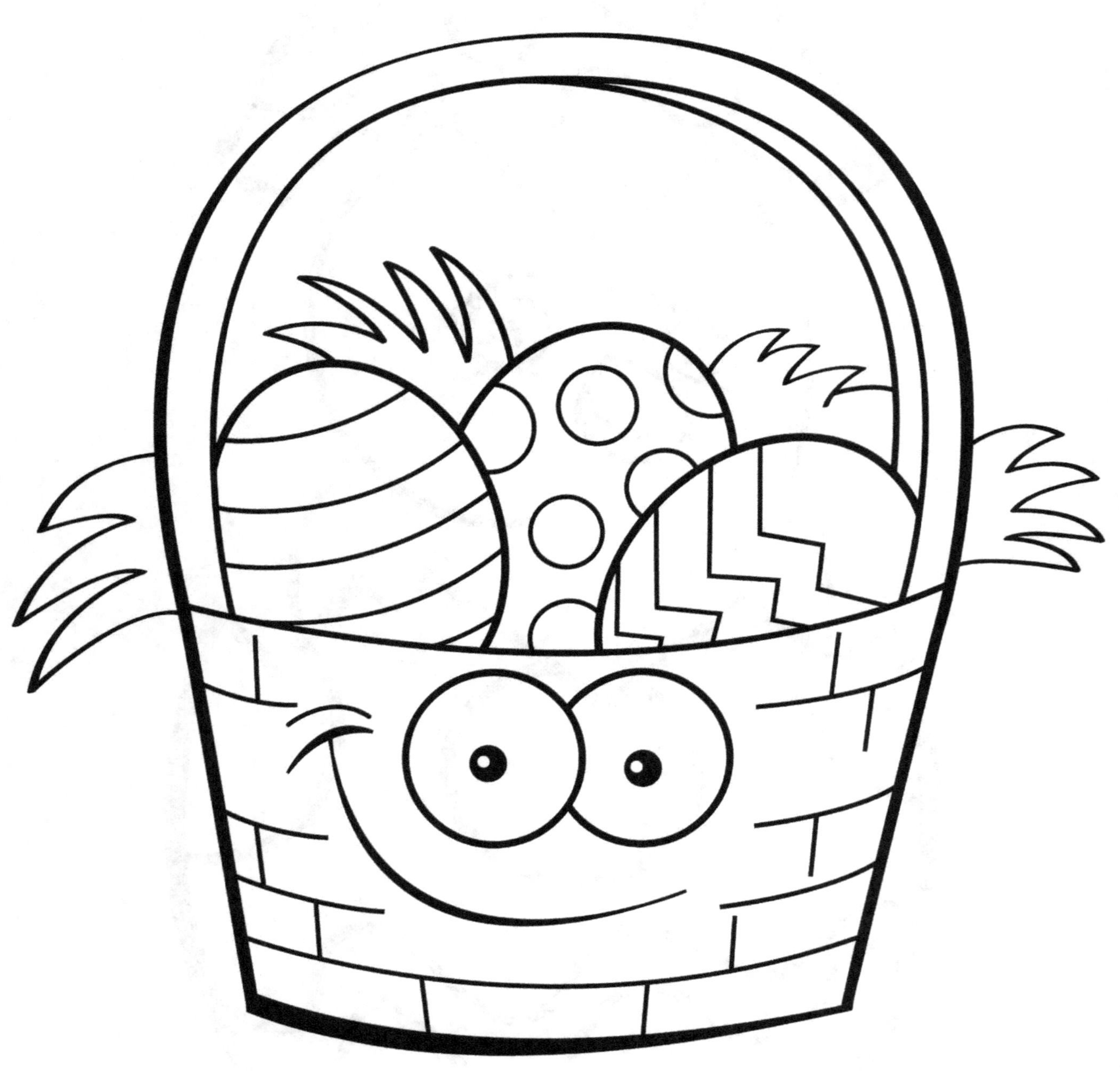

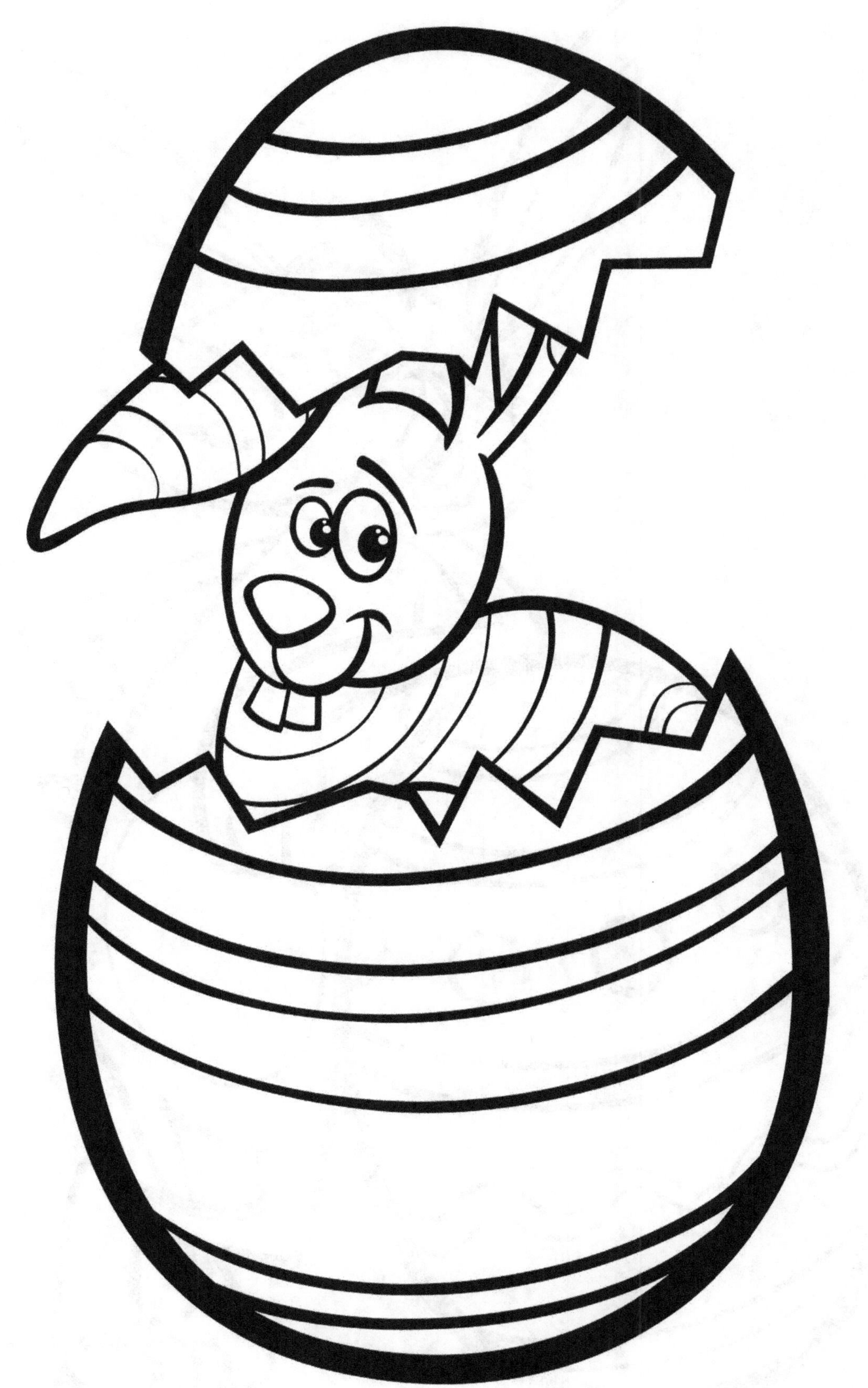

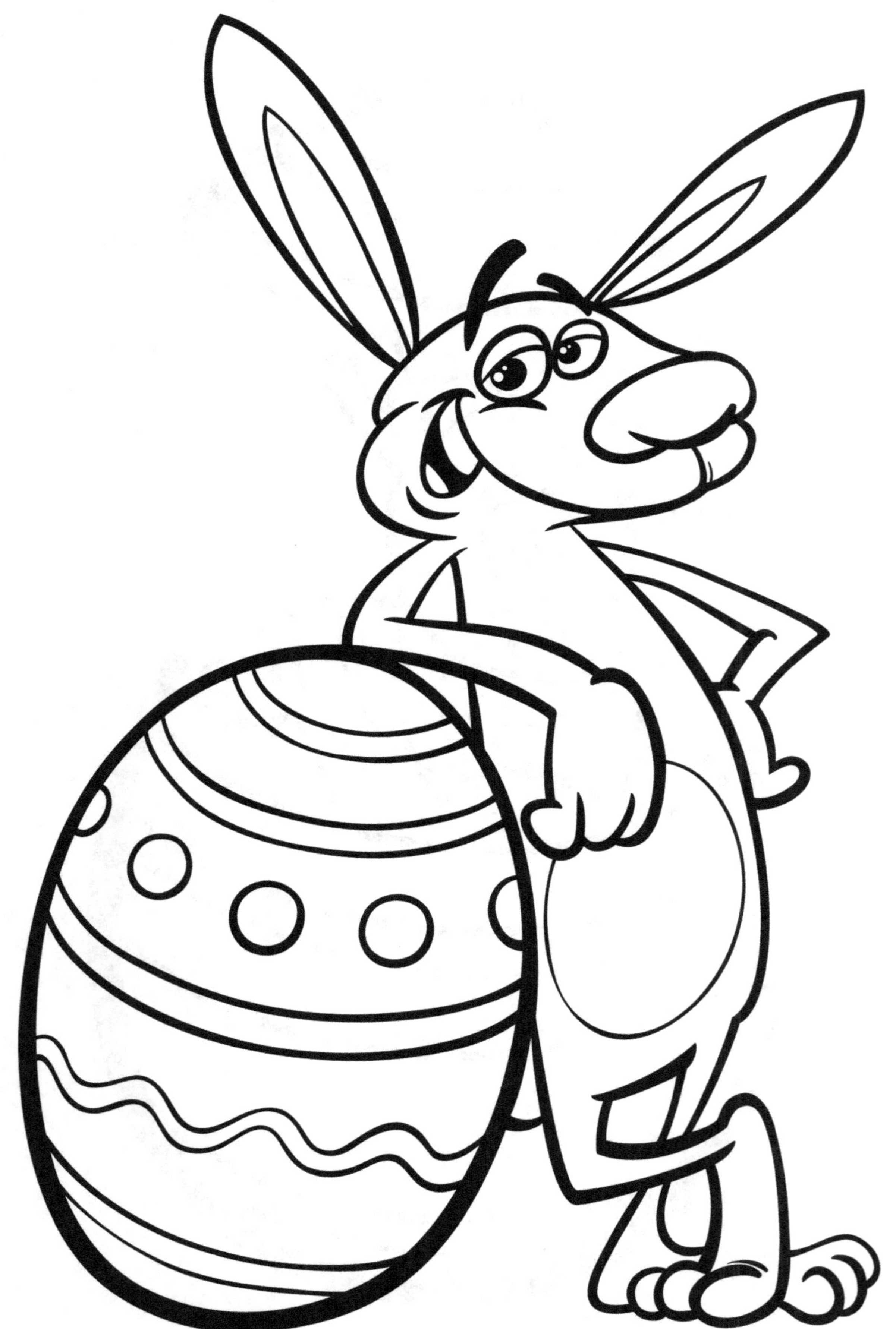

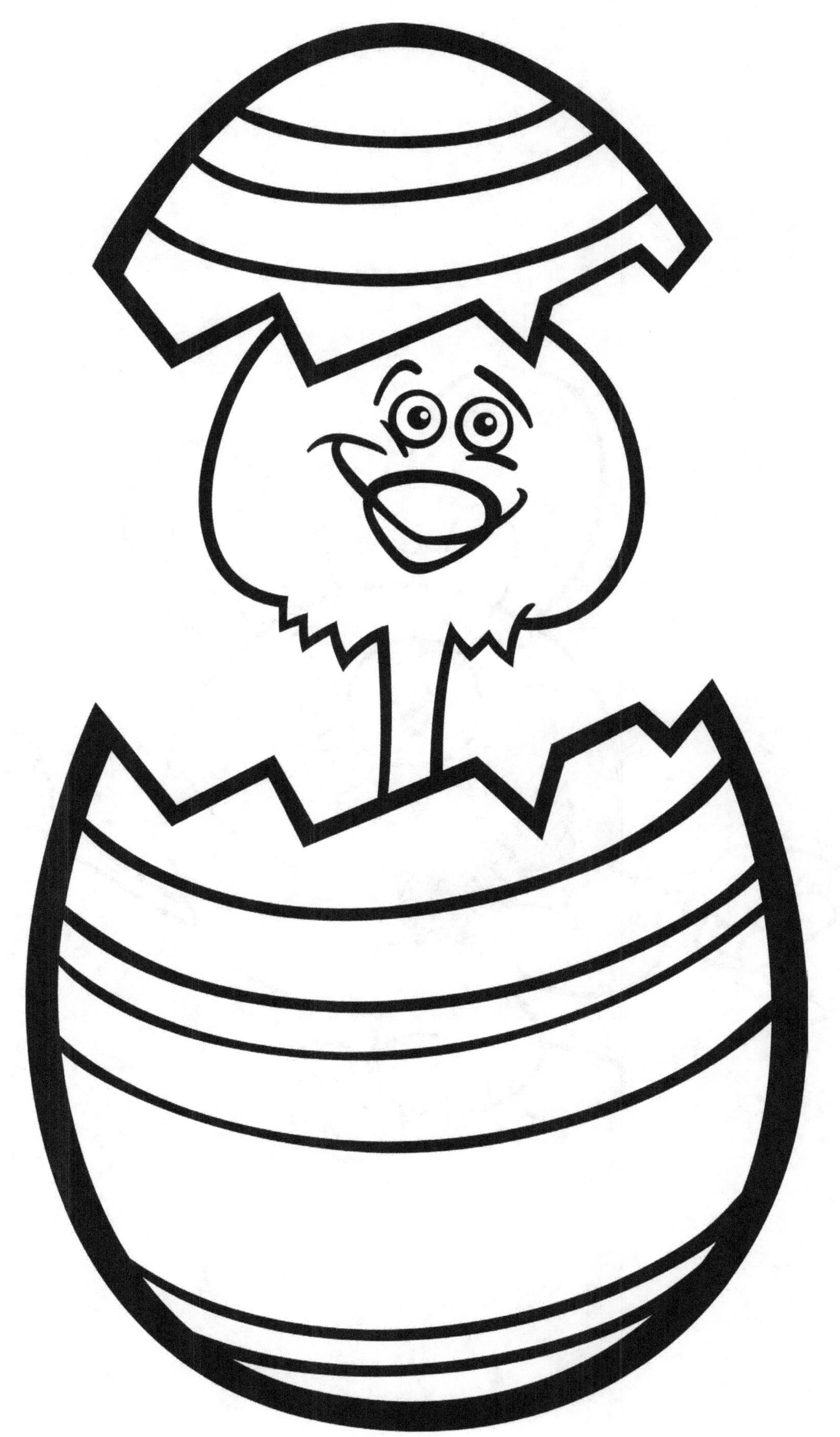

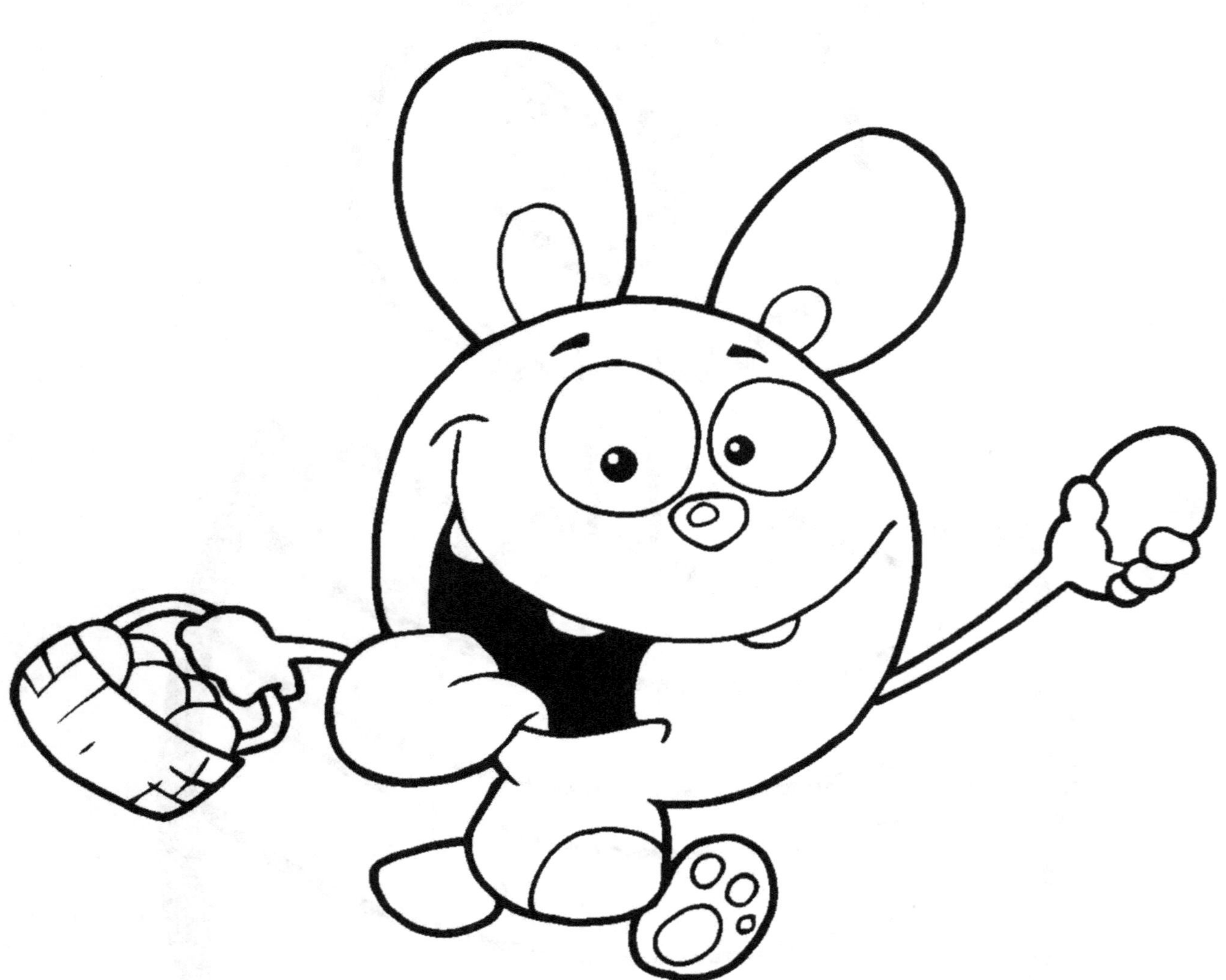

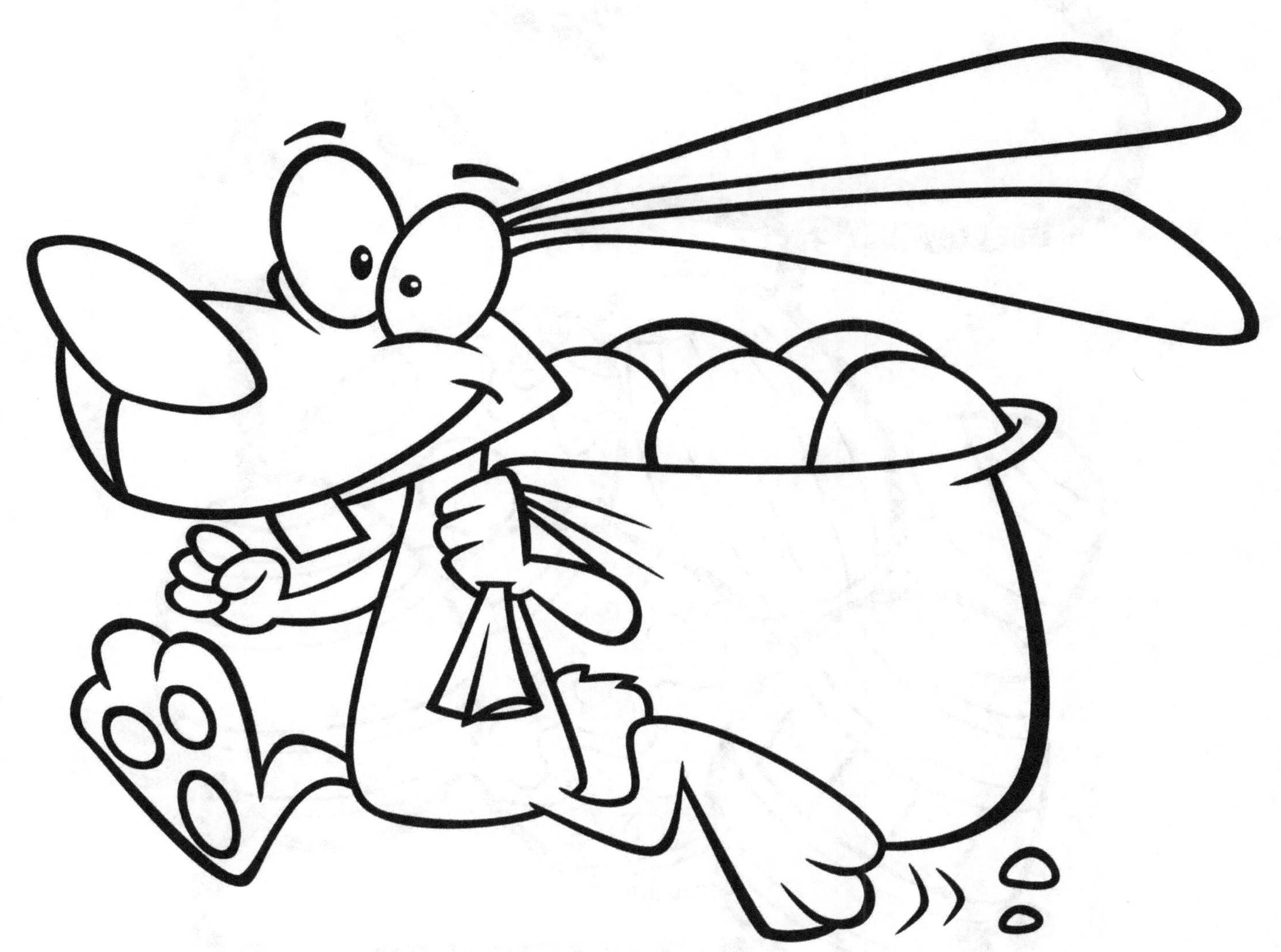

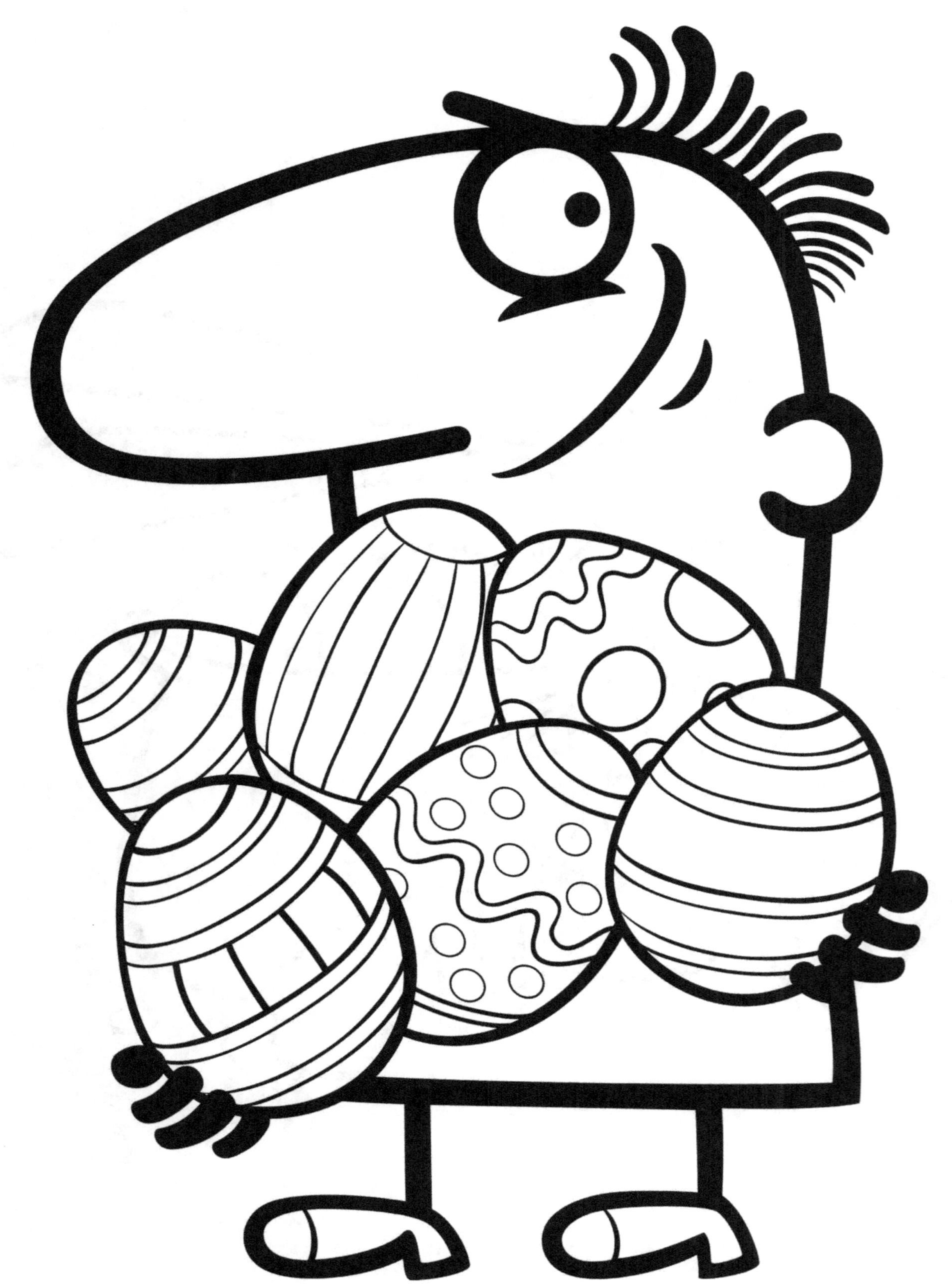

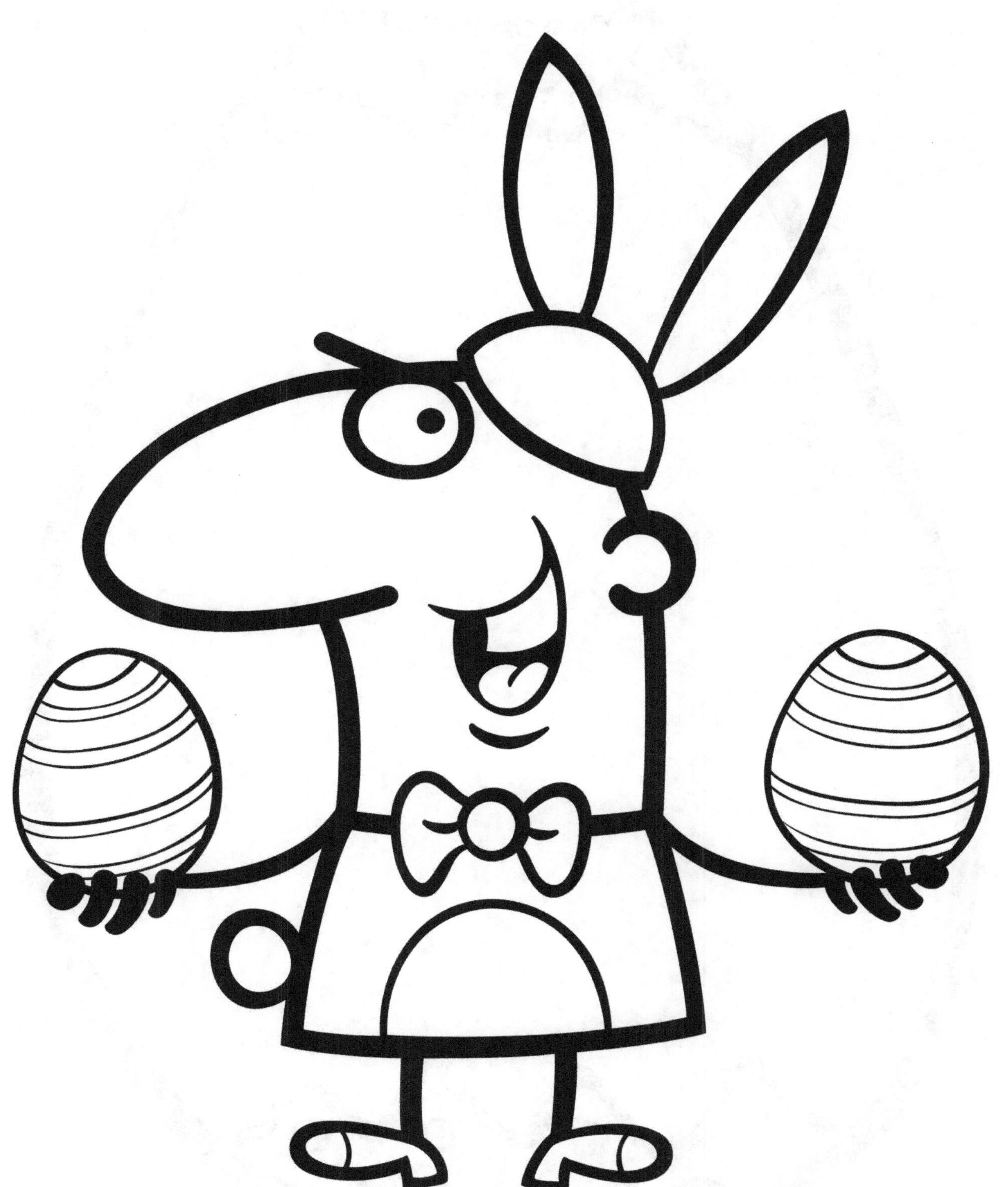

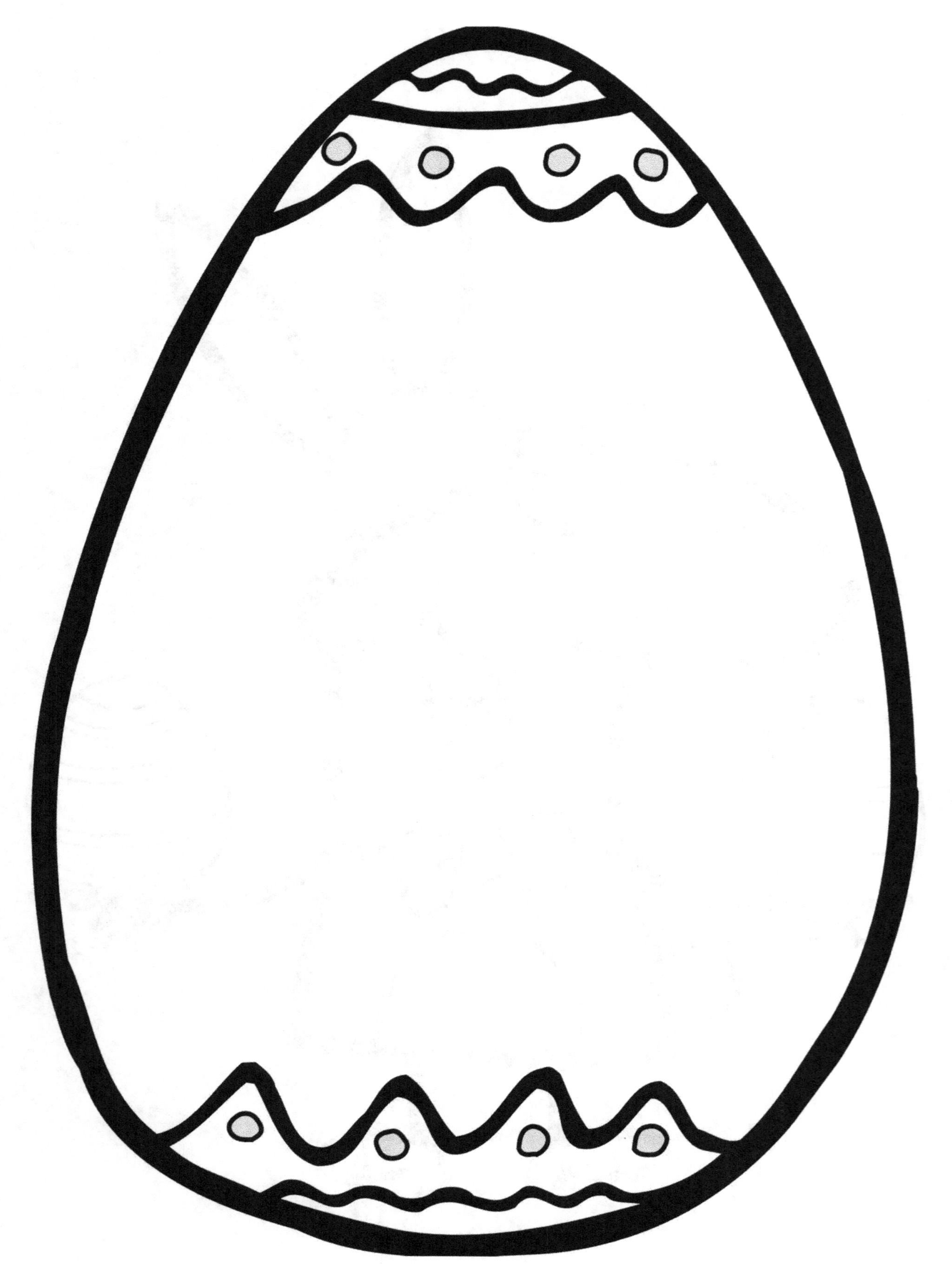

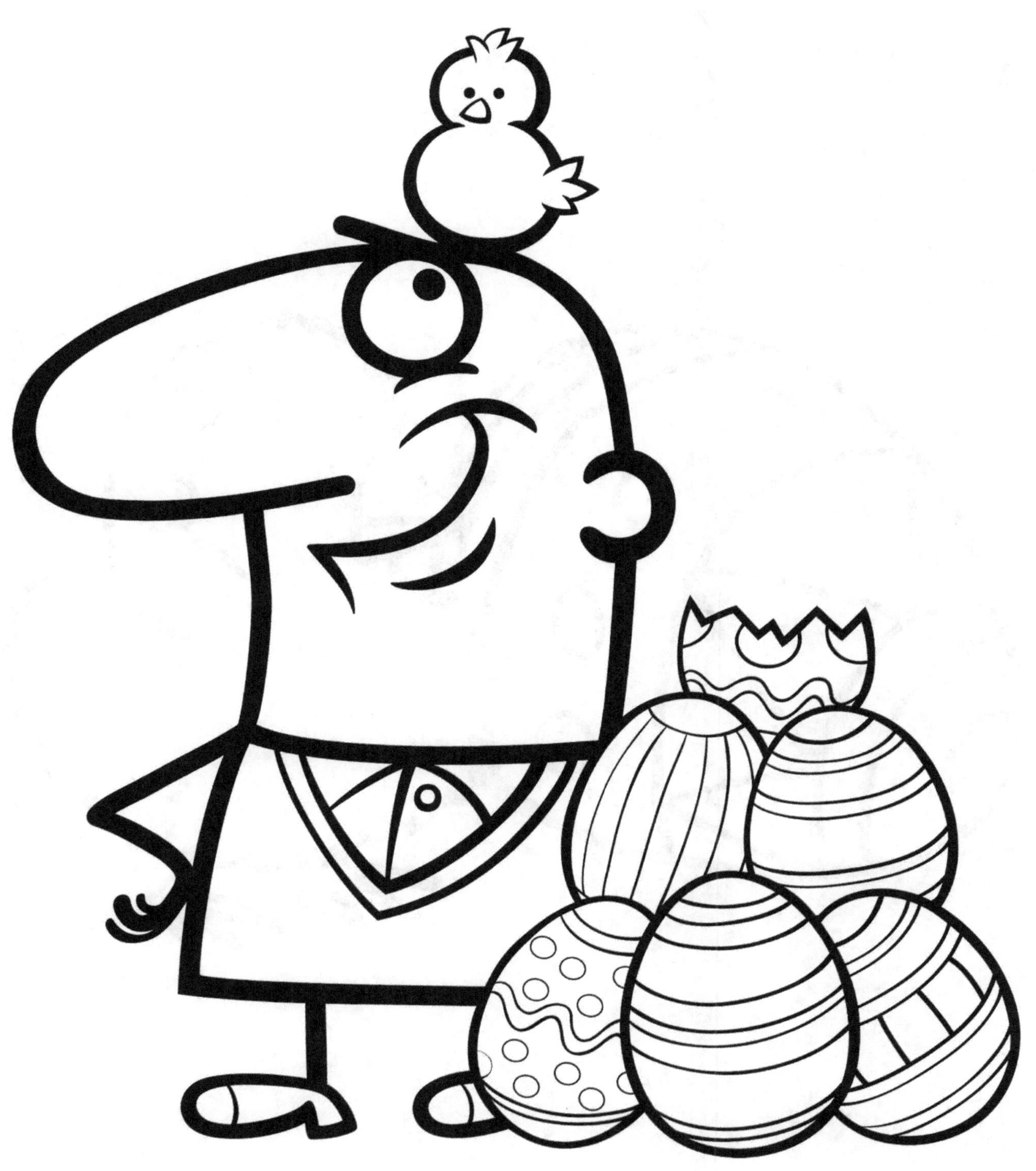

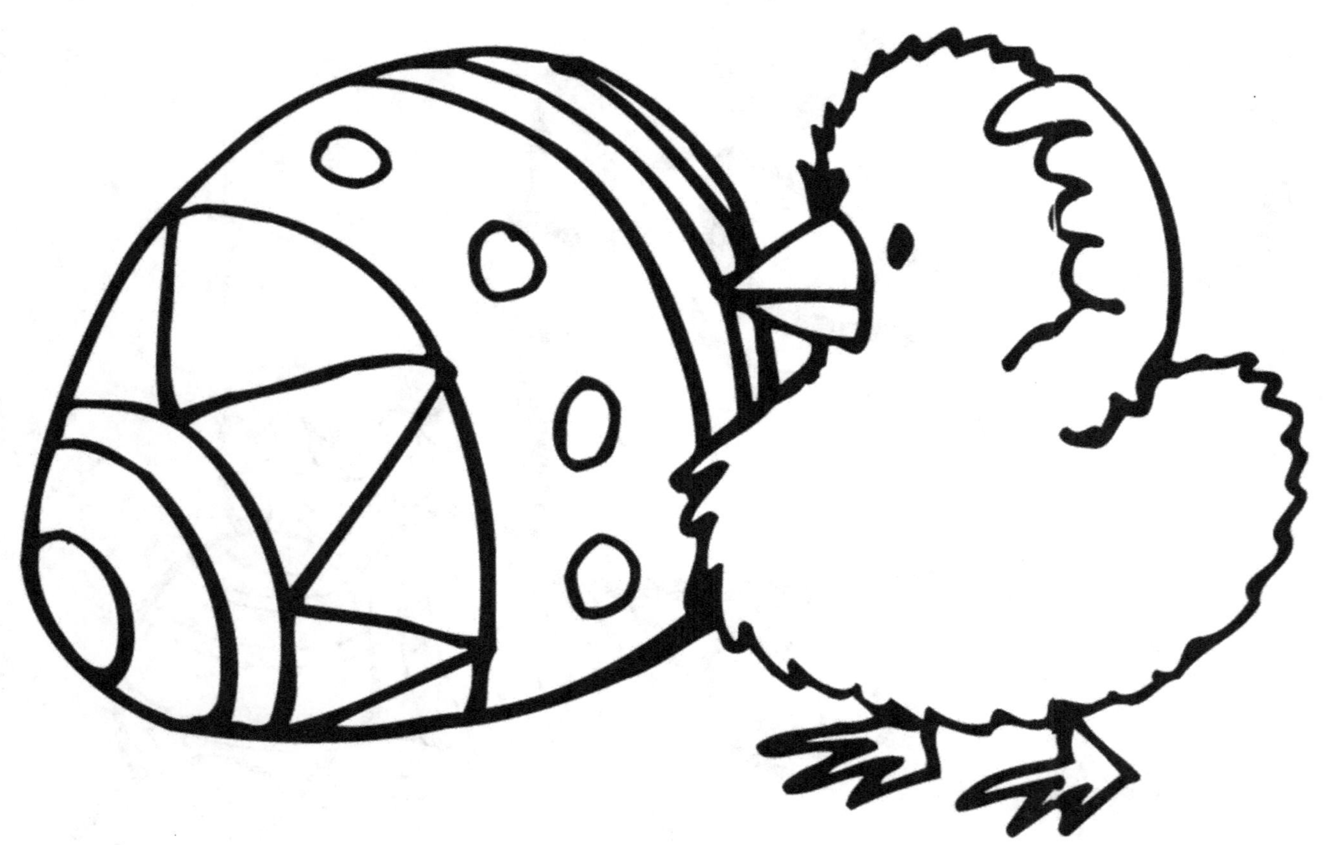

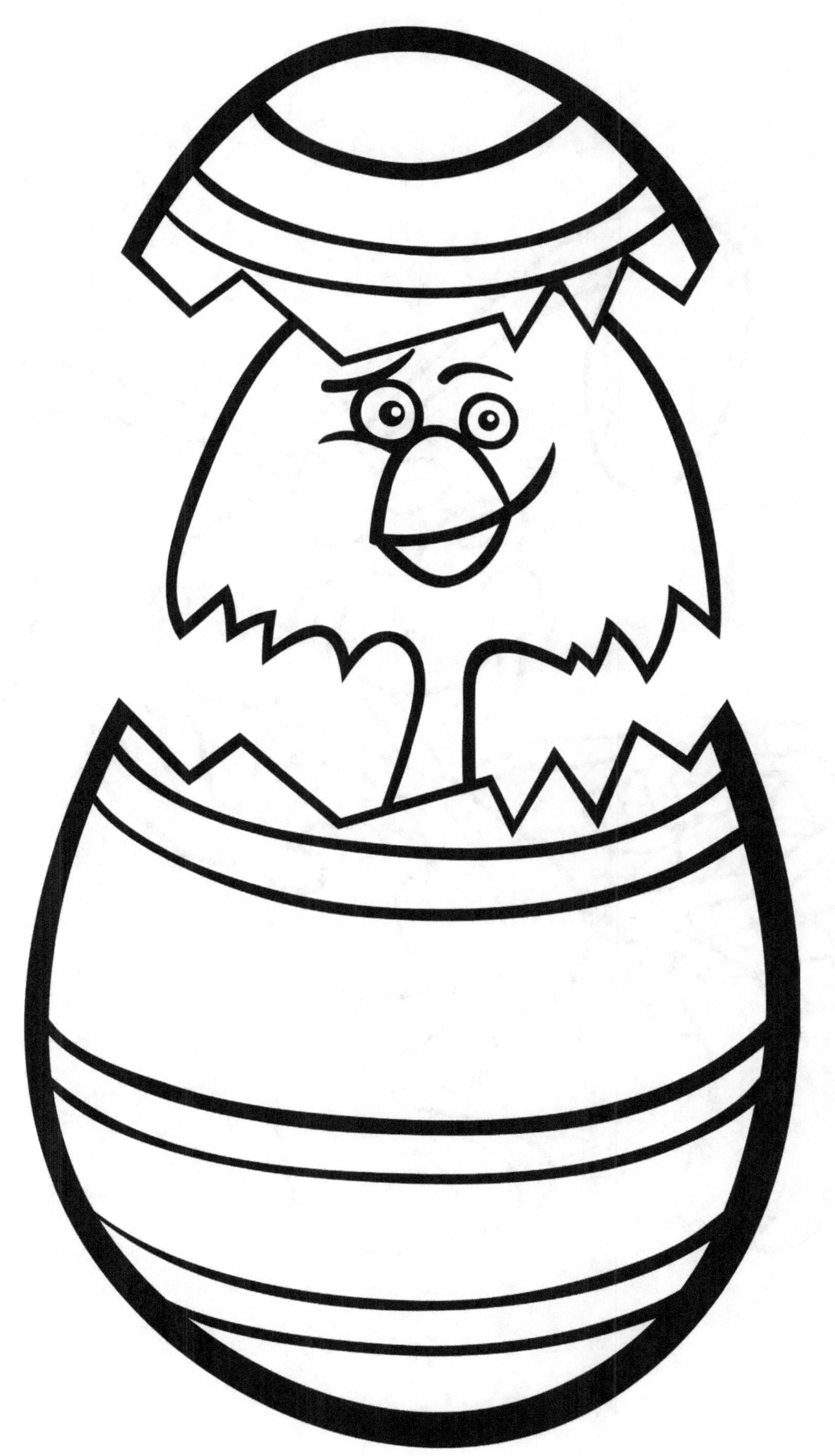

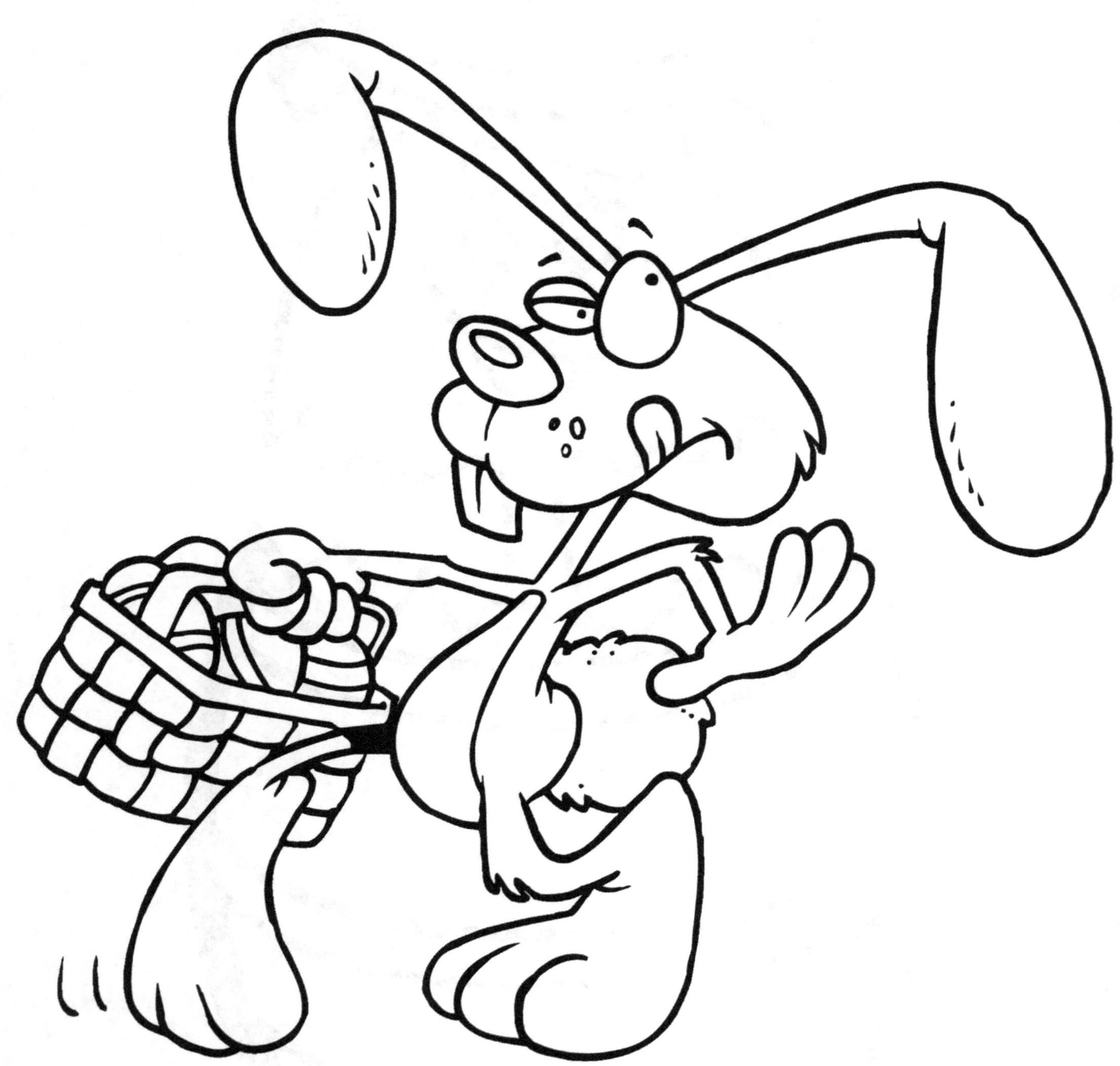

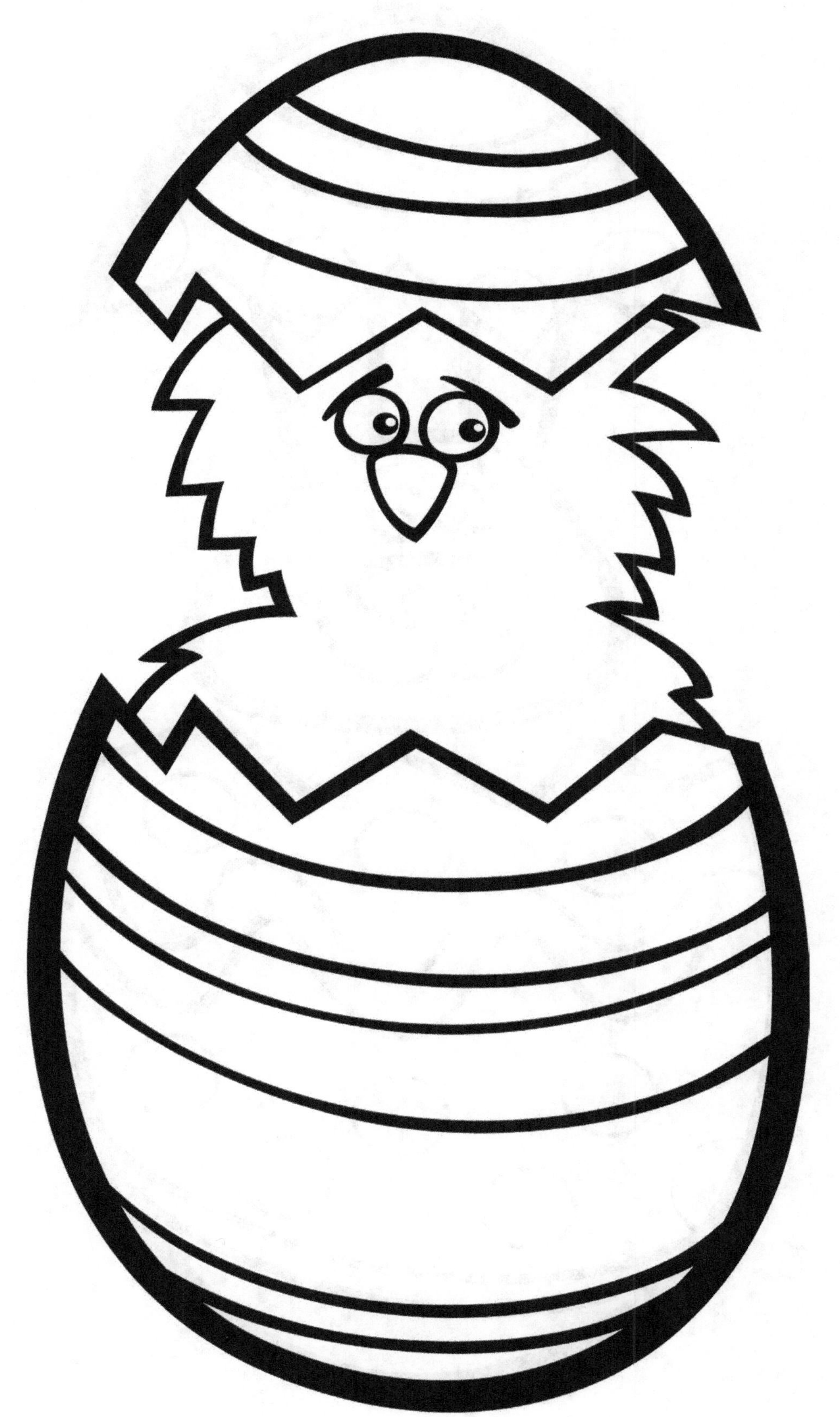

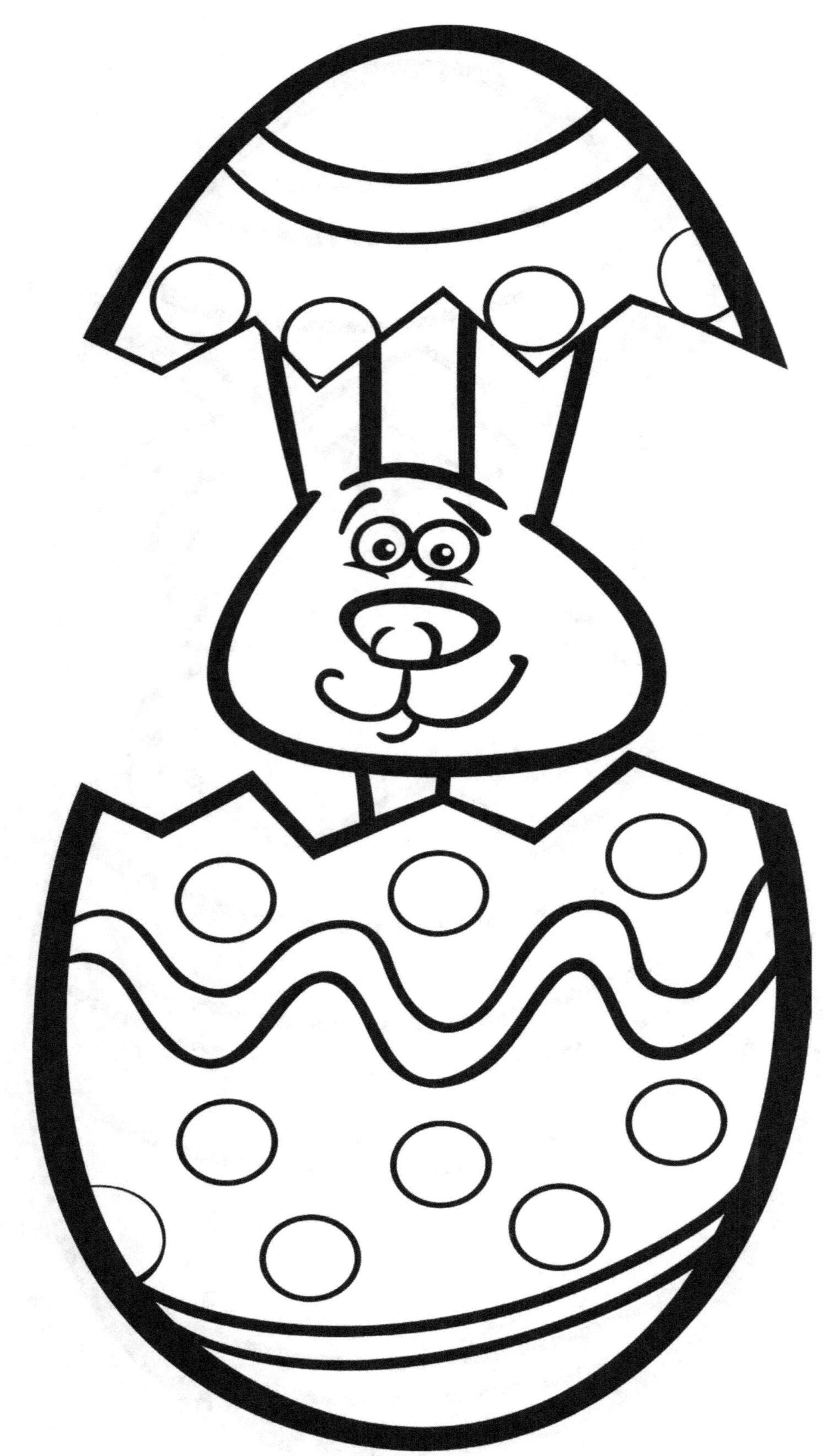

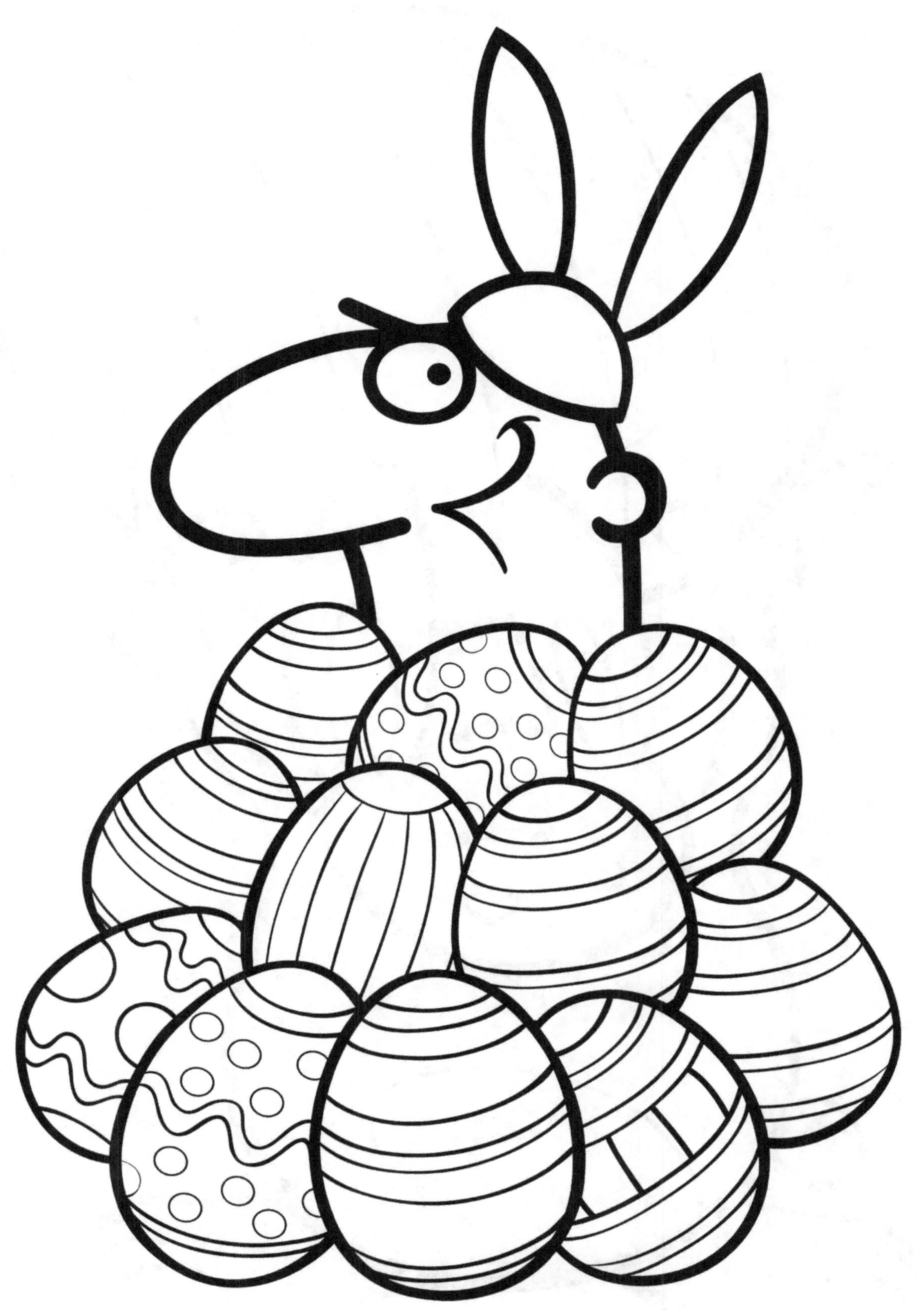

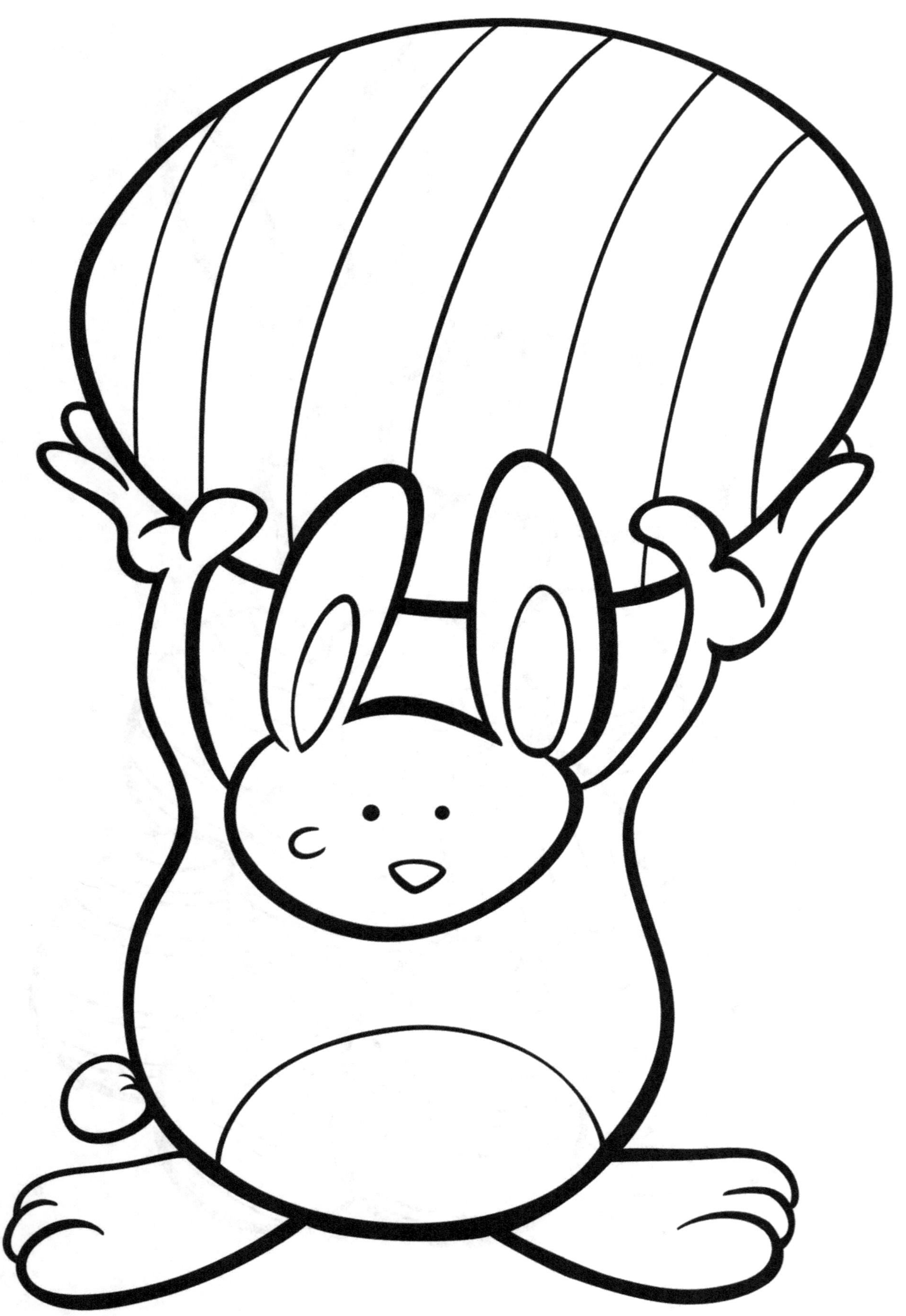

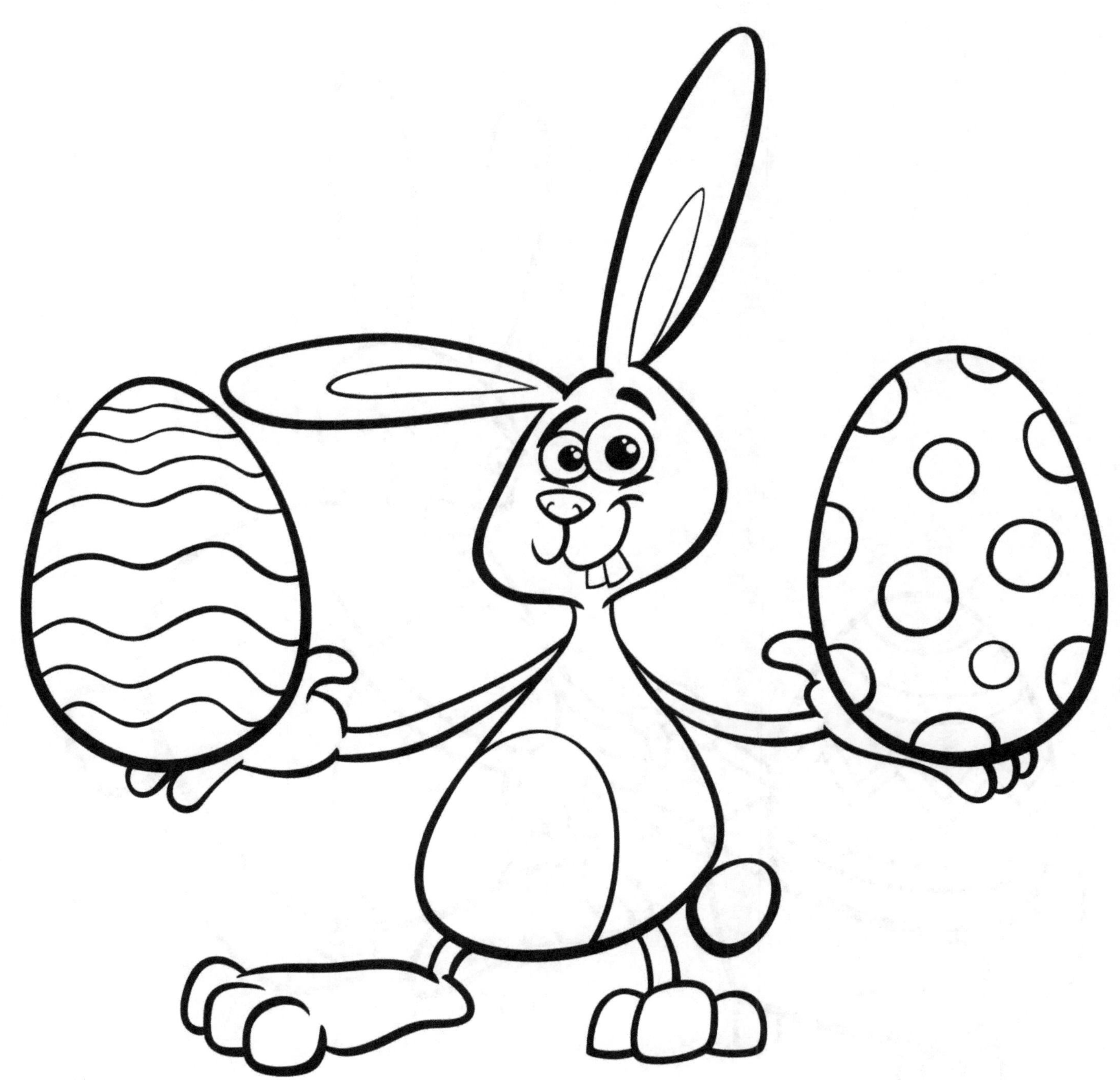

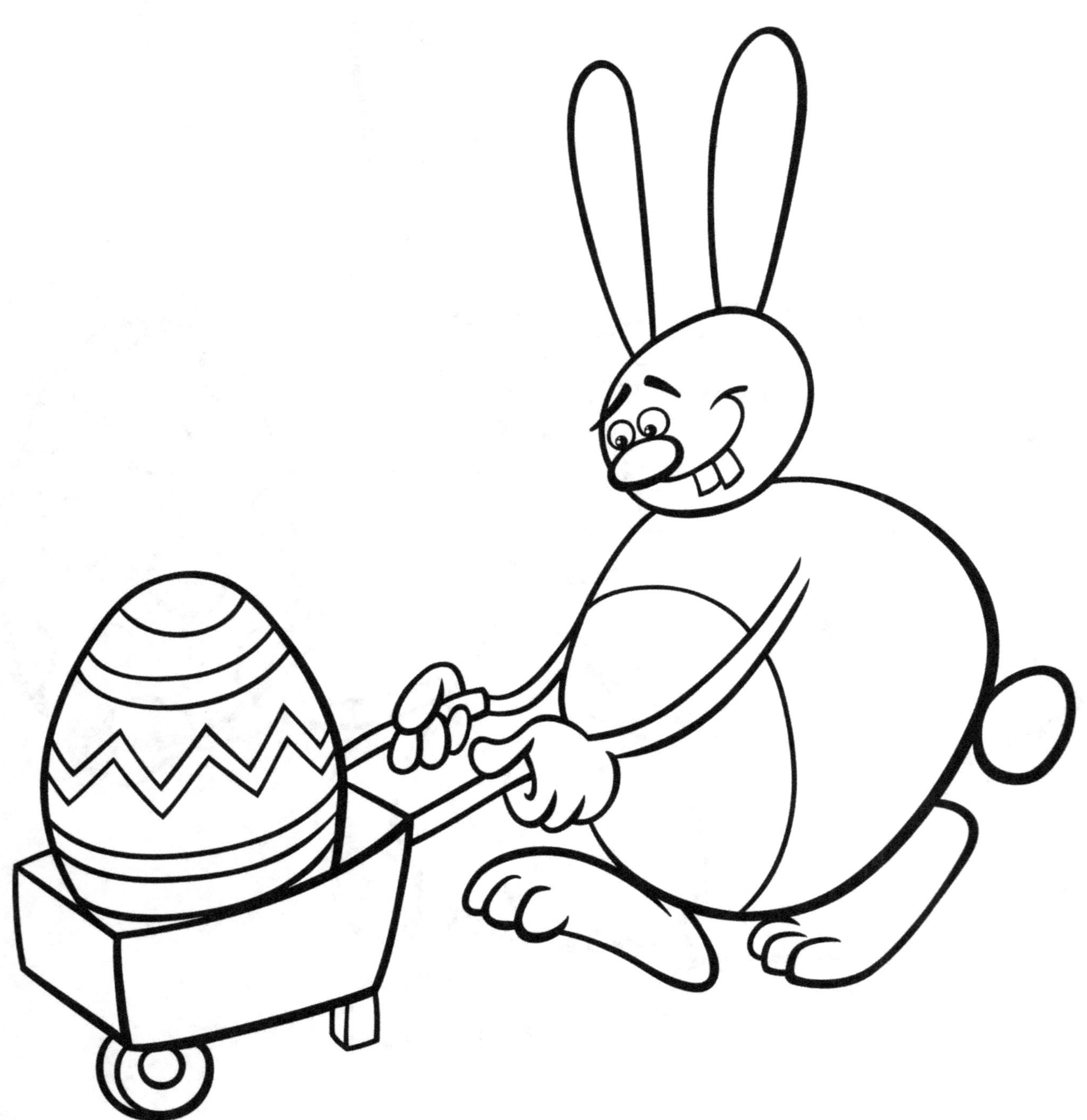

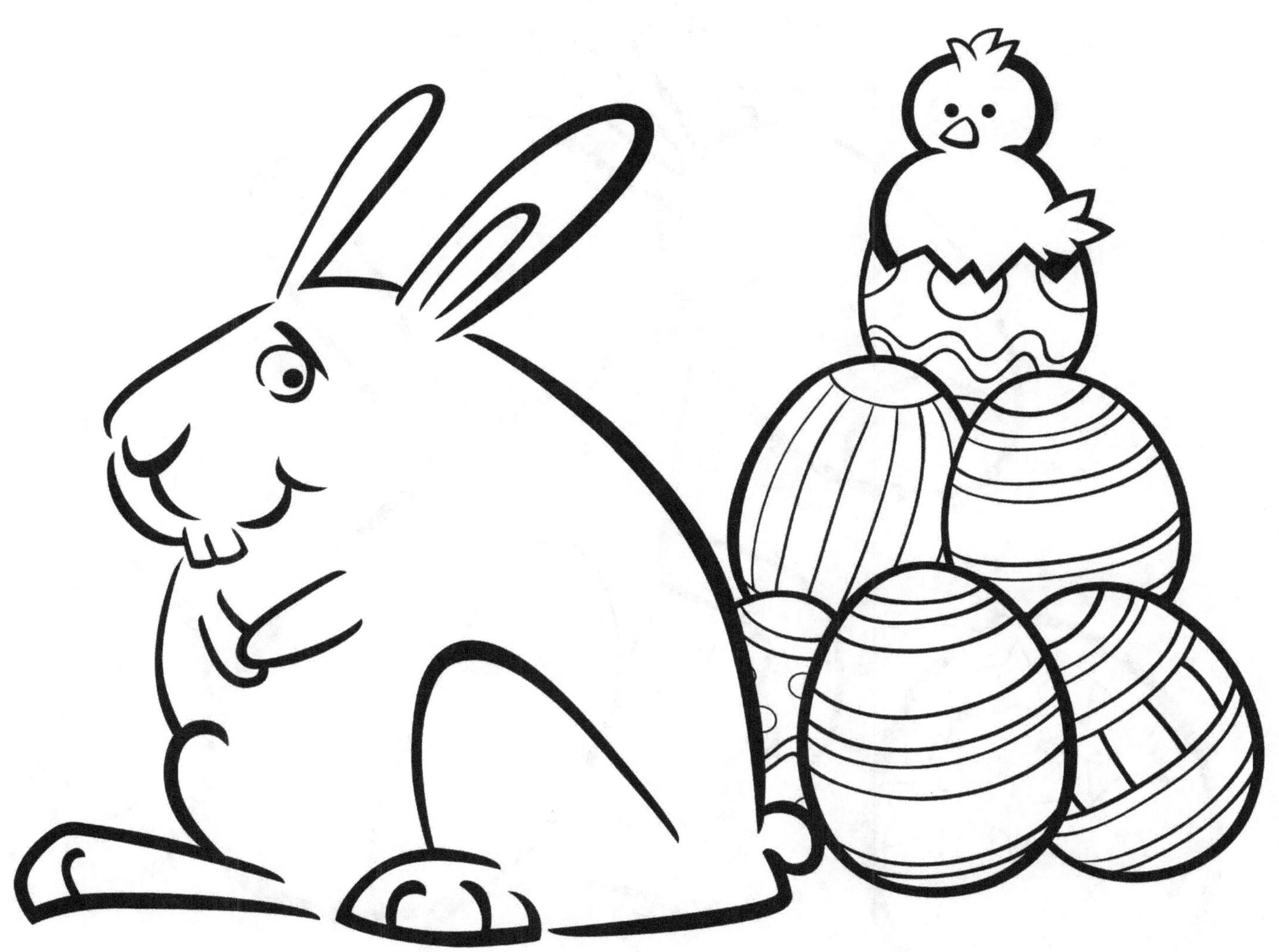

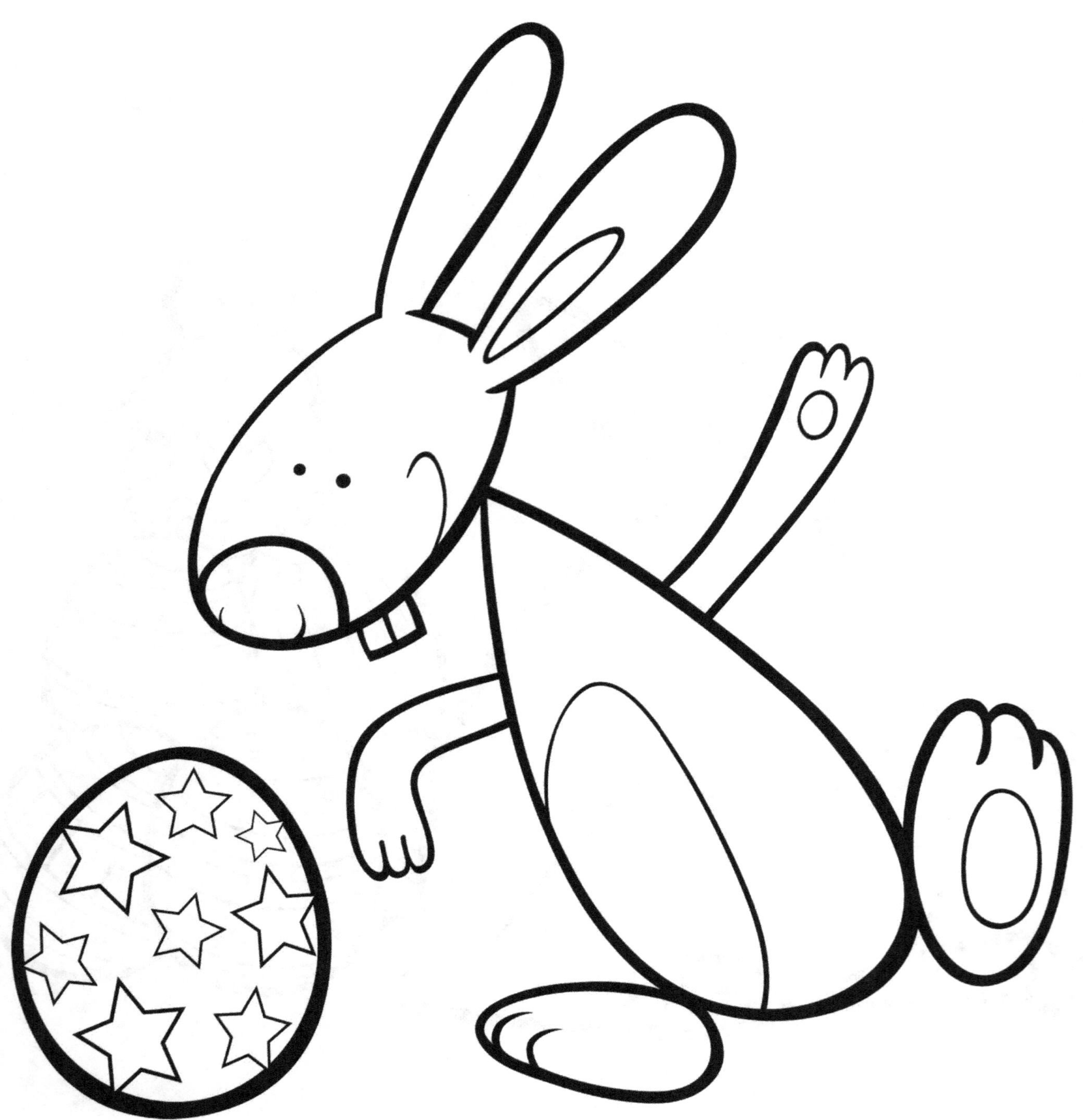

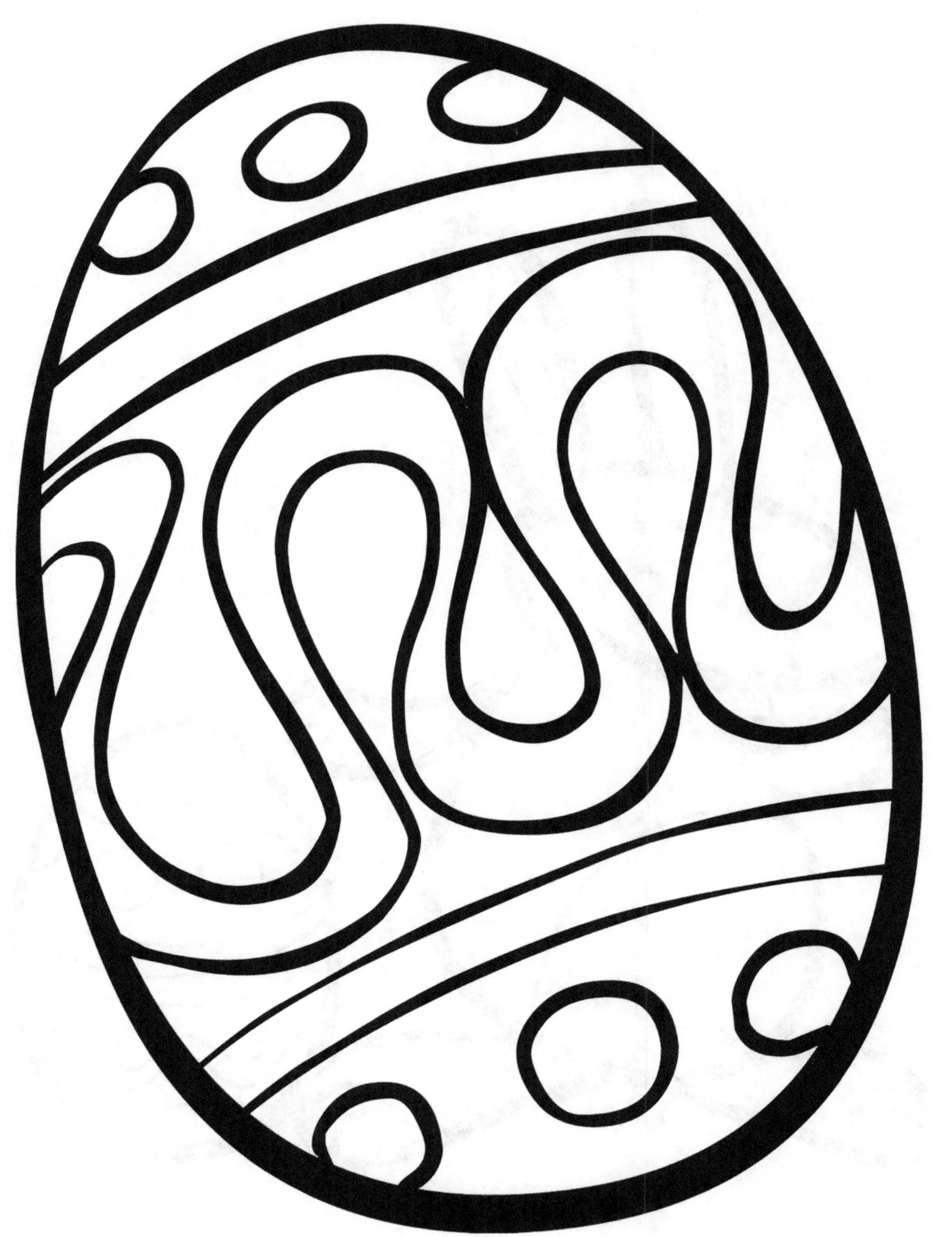

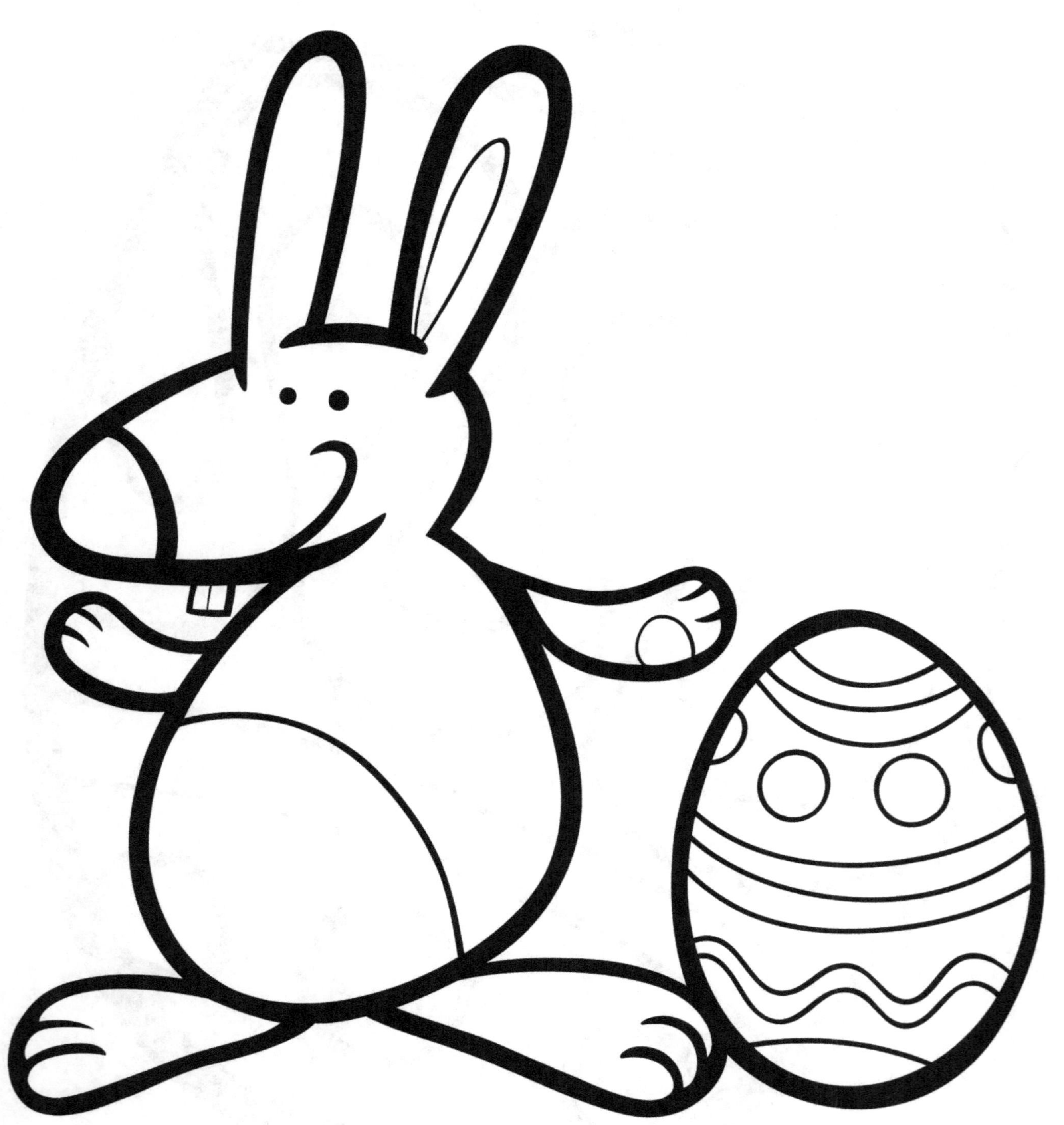

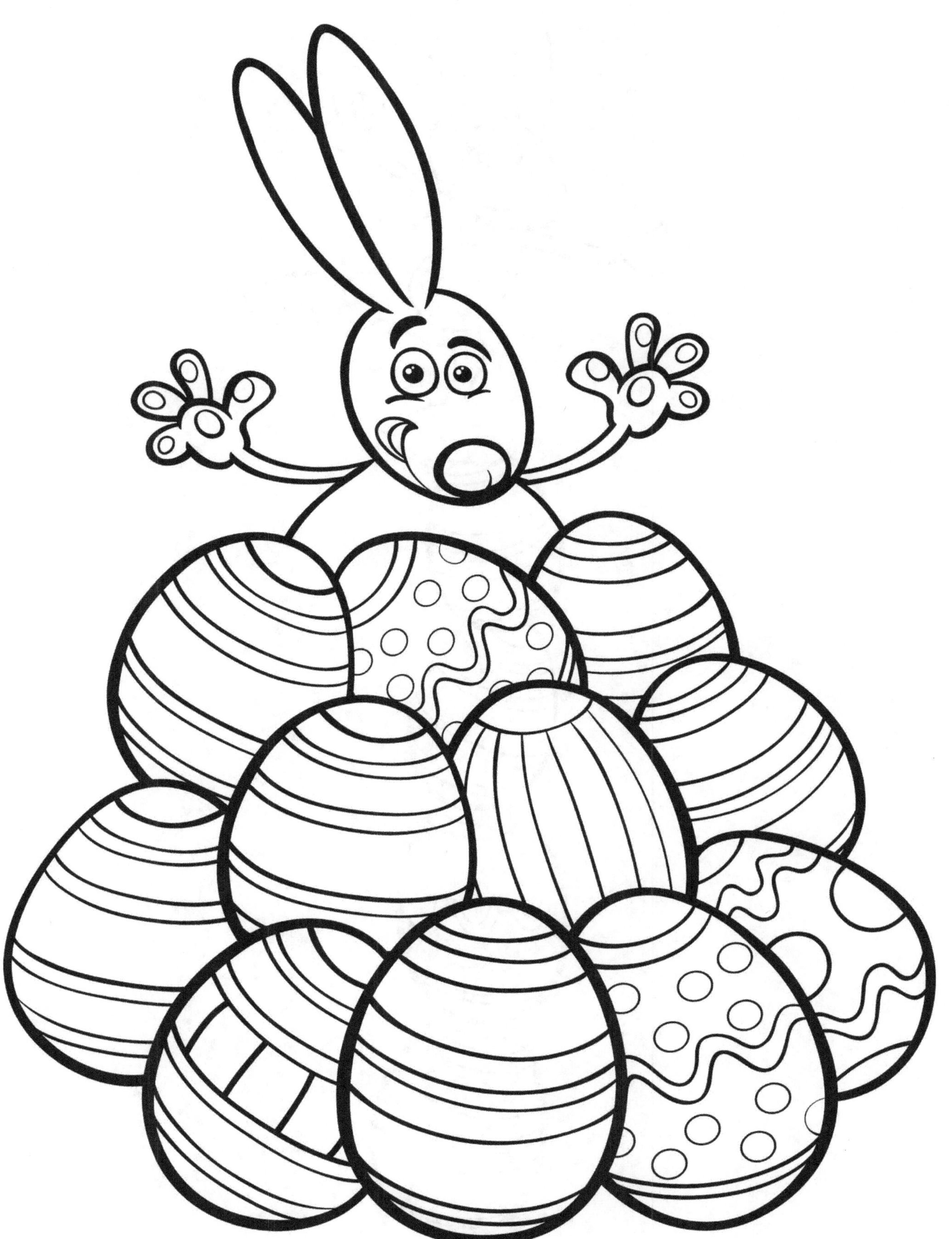

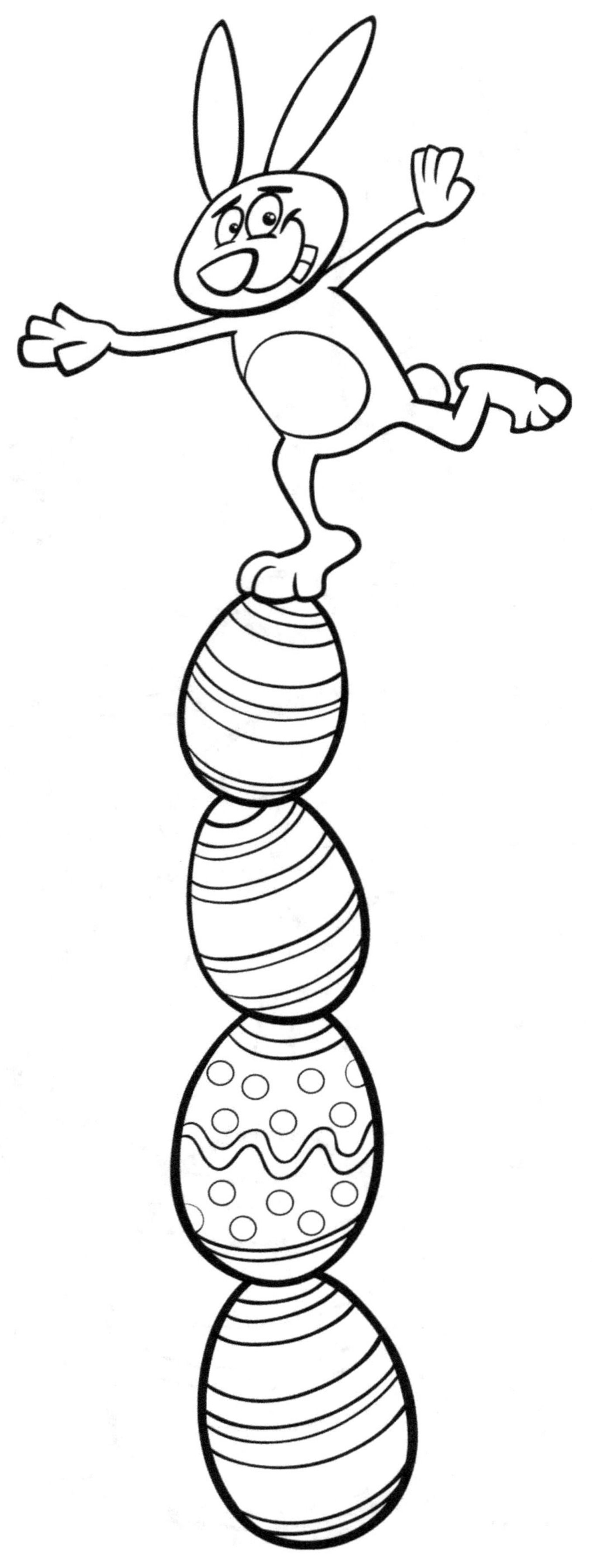

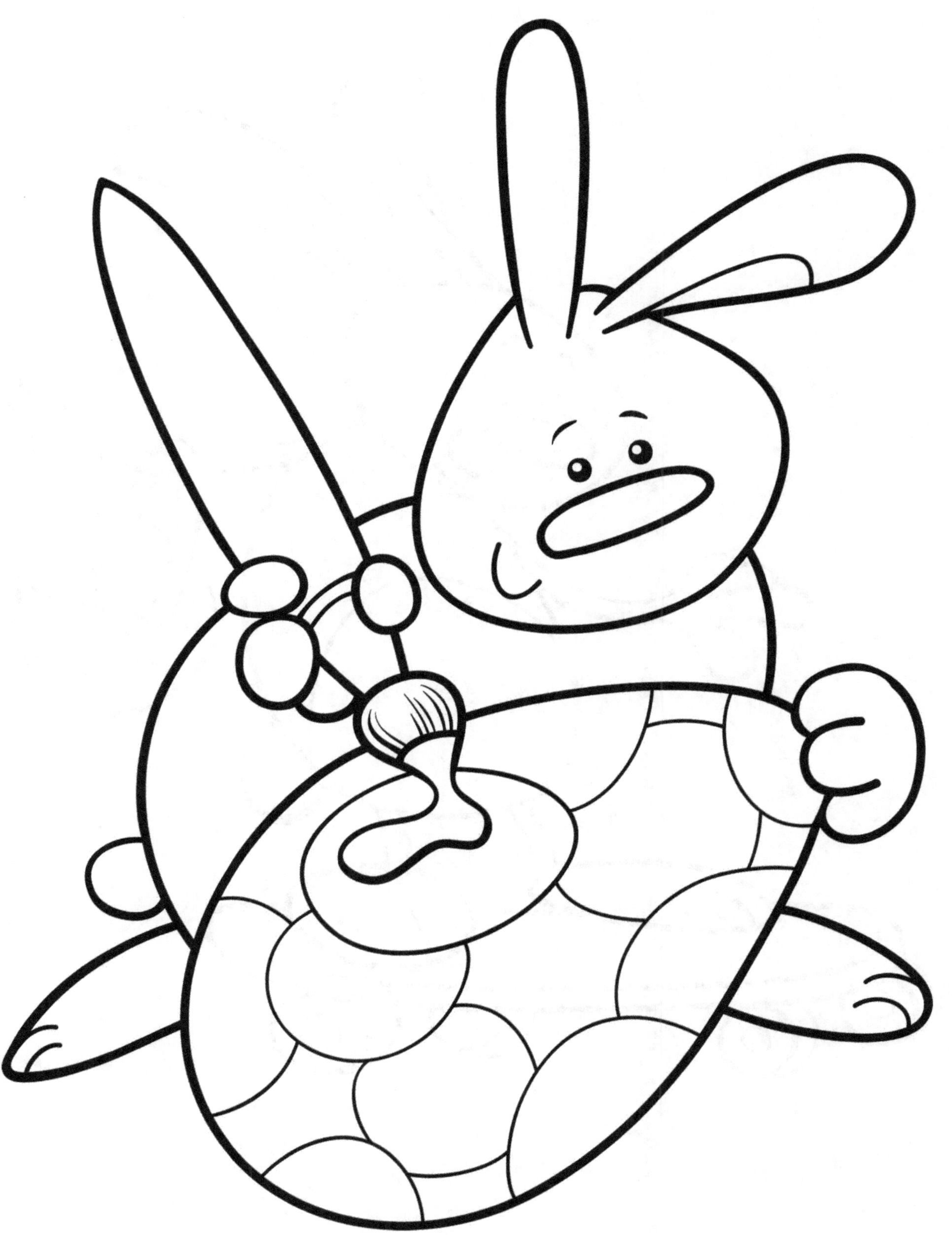

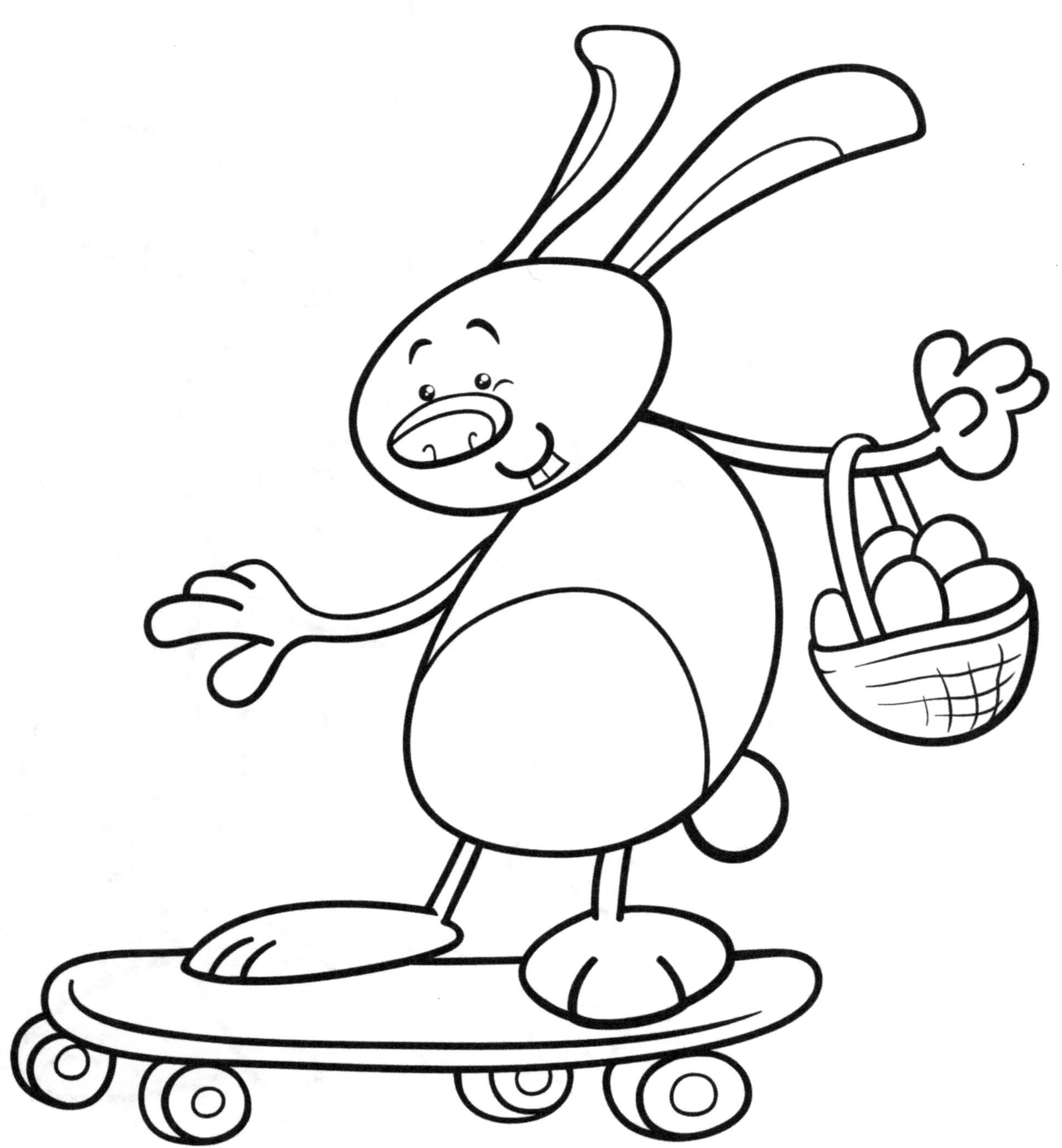

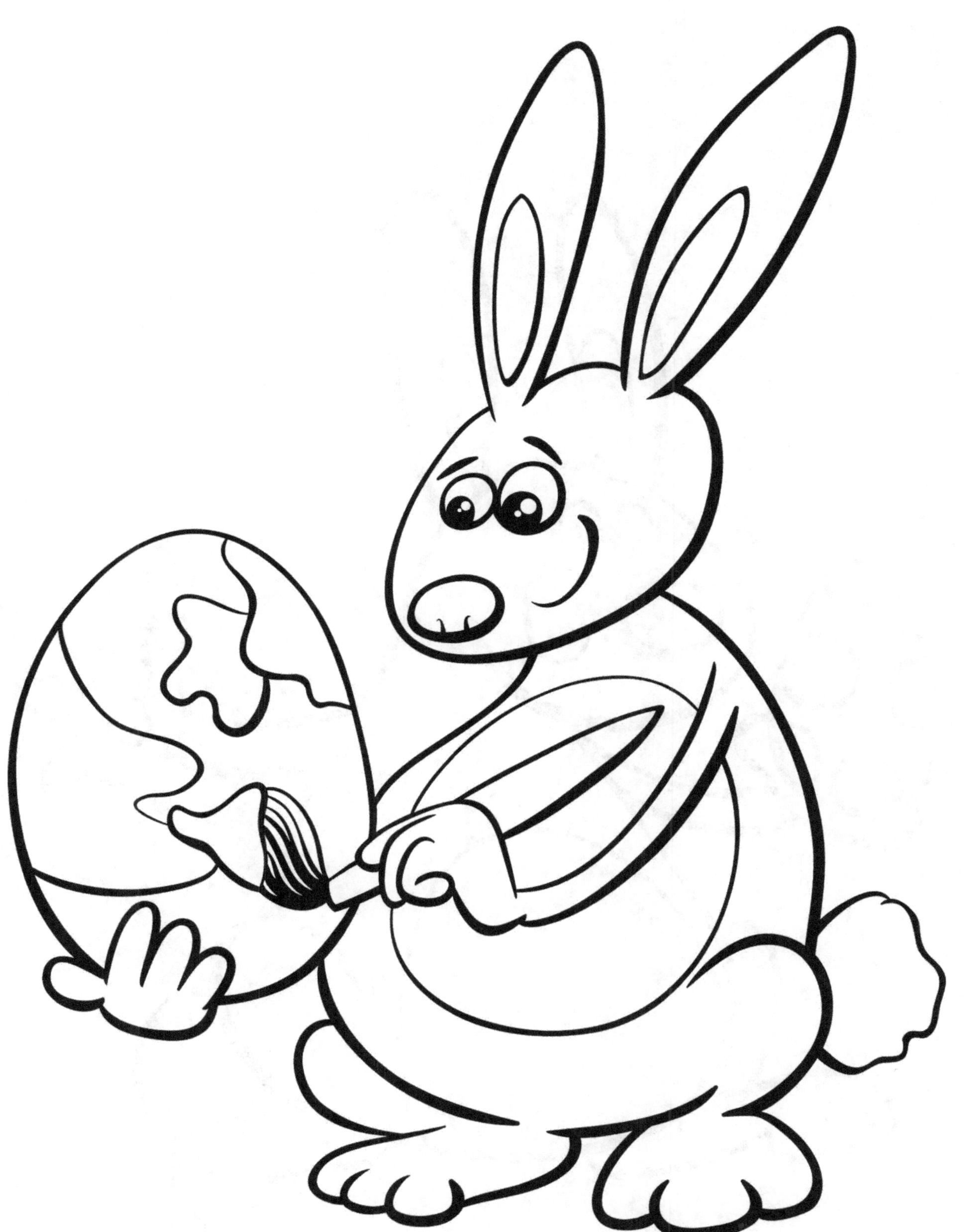

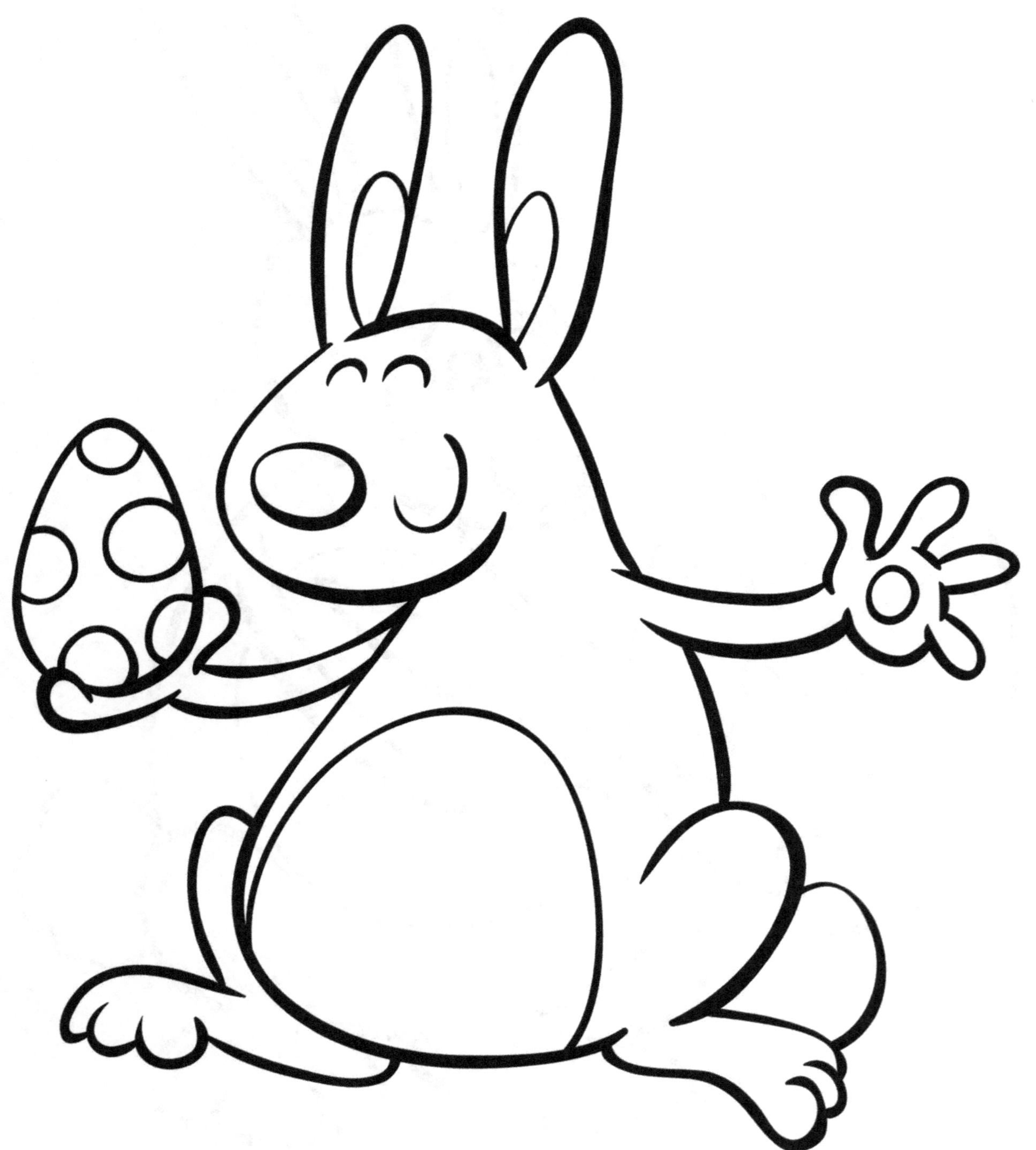

www.ingramcontent.com/pod-product-compliance
Lightning Source LLC
Chambersburg PA
CBHW080319030726
47593CB00009B/2803